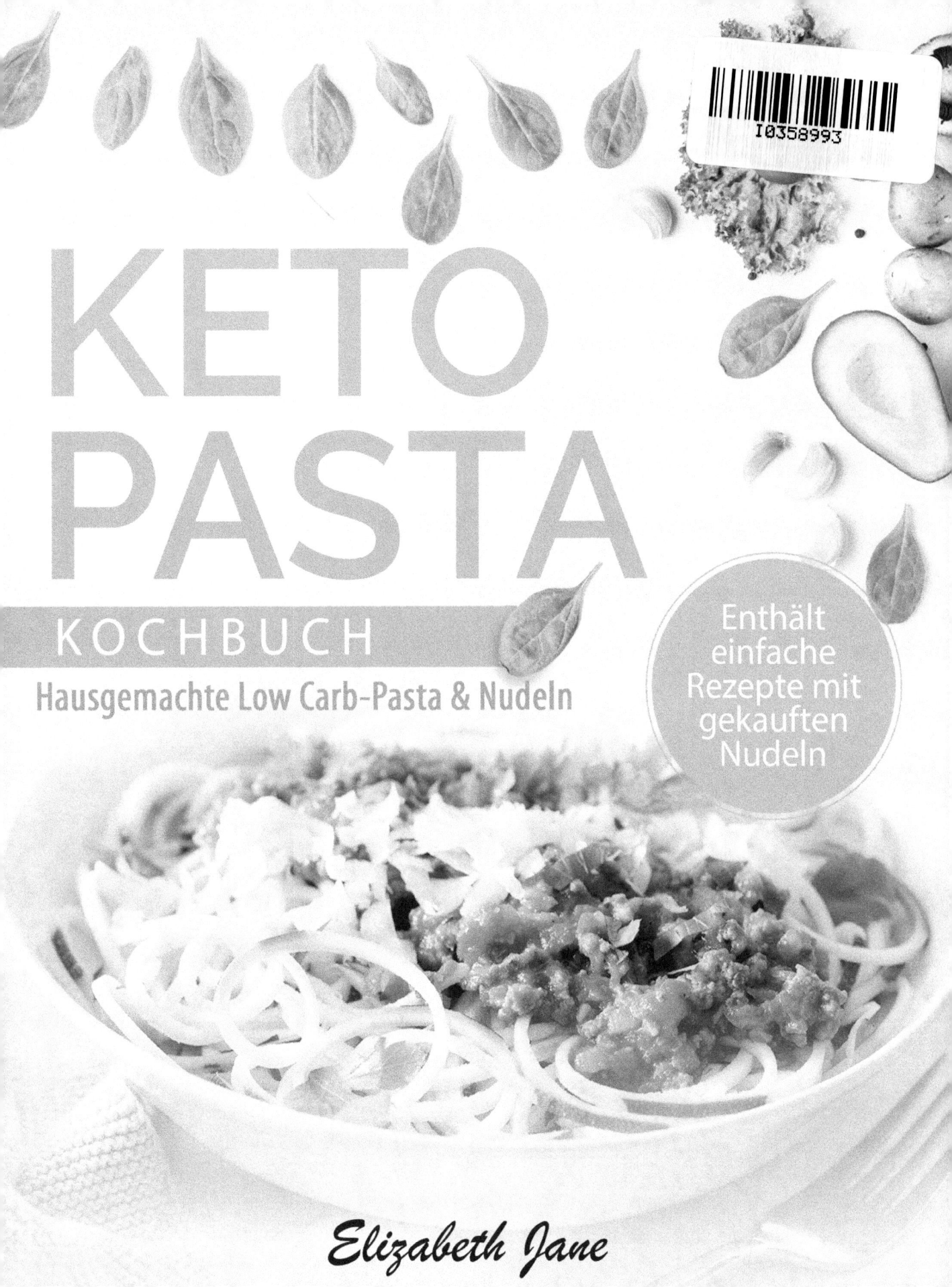

KETO PASTA
Kochbuch

Inspiration für Ihre Keto-Diät

INHALTSVERZEICHNIS

Einleitung 9
Wie funktioniert dieses Buch? 11
   Tipps zur Herstellung der besten Keto-Pasta 12
Nützliche Küchenwerkzeuge zur Nudelherstellung 13
Vielleicht mögen Sie auch 14
Kostenlose Keto-Saucen 15

Grundrezepte

Kohlenhydratarme Spaghetti (DF, GF) 19
   Eiernudeln (GF) 20
Grünkohl & Knoblauch-Eiernudeln (GF) 21
Gemischte Gemüse-"Zoodles" (DF, GF, V) 22
Krautnudeln (GF) 23
Geschredderte Ingwer-Karotten-Nudeln (DF, GF, V) 24

Rezepte

Spaghetti-Rezepte

Spaghetti Bolognese (GF) 28
Peperoni-Pizza-Spaghetti (GF) 29
Garnelen-Scampi (GF) 30
Drei-Käse-Spaghetti-Auflauf (GF) 31
Spaghetti und Fleischbällchen (GF) 32
Garnelen-Basilikum-Pesto-Spaghetti (GF) 33
Karamellisierte Zwiebel- & Putenspaghetti (GF) 34

Cremige Knoblauch-Spinat-Spaghetti (GF) 35
Spaghetti mit pikanter Tomatensauce (GF) 36
Spaghetti-Nudeln mit Petersilie und Zitrone (GF) 37
Cremig-vegetarische Knoblauchnudeln (GF, DF) 38
5-Minuten Kokosnuss-Keto-Satay (GF, V) 39
Butter, Parmesan & Petersiliennudeln (GF) 40
Asiatische Keto-Nudeln mit würzigem Sesam (GF, V) 41
Makkaroni-Käse-Spaghetti (GF) 42

Gemüsebasierte Nudelrezepte

Pad Thai (GF) 44
Karotten-Ingwer-Nudeln mit asiatischer Erdnusssauce (GF, DF) 45
Knoblauch-Parmesan-Nudeln (GF) 46
Zoodles & Fleischbällchen (GF) 47
Putenfleischbällchen mit Knoblauch & Basilikum mit Zoodles (GF) 48
Knoblauch, Butter und Parmesan-Zoodles (GF) 49
Karottennudeln mit Knoblauch, Zwiebeln und Butter (GF) 50
Karamellisierte Zwiebel-Kohlnudeln mit Hühnchen & Mozzarella-Käse (GF) 51
Cremige Teigwaren Alfredo mit Wurst & Paprika (GF) 52
Karottennudeln mit Truthahn & Brokkoli (GF) 53
Zoodles mit Bologneseßoße (GF) 54
Griechischer Salat Zoodles (GF) 55
Gurken- & Feta-Gemüse-Zoodles (GF) 56
Tomaten-, Feta- und Basilikum-Gemüse-Zoodles 57

Eiernudel-Rezepte

Grünkohl-Knoblauch-Eiernudeln mit süßer Buttersauce (GF) 60

Rezepte mit gekaufter Pasta

- Keto-Lasagne (GF) 62
- Keto-Rinderlasagne (GF) 63
- Truthahn-Lasagne (GF) 64
- Shirataki-Nudeln mit Knoblauch-Tomaten-Basilikum-Sauce (GF) 65
- Shirataki-Nudeln mit Lachs und cremiger Knoblauchsauce (GF) 66
- Thunfisch-Pasta-Auflauf (GF) 67
- Singapur-Nudeln (GF) 68
- Pasta Primavera (GF) 69
- Fettuccine mit cremigem Avocado-Pesto (GF) 70
- Shirataki-Nudeln mit Penne-Wodka-Sauce (GF) 71
- Fettuccine mit Mandel-Butter-Sauce (GF) 72
- Nudeln mit cremiger Knoblauch-Cheddar-Sauce (GF) 73
- Nudeln mit Dill-Hollandaise-Sauce (GF) 74
- Fettuccine mit cremiger Gemüsesauce (GF) 75

EINLEITUNG

Wenn Sie Pasta lieben, aber nicht die zwangsläufig damit verbundenen Kohlenhydrate, dann werden Sie diese Rezepte lieben. Ich habe entschieden, ein Keto-Nudelbuch zu schreiben, weil ich weiter meine Lieblings-Nudelrezepte genießen möchte, ohne aus der Ketose zu fallen! Und ich habe auch herausgefunden, dass der Verzicht auf einige der beliebtesten Mahlzeiten wie Spaghetti und Fleischbällchen oder Lasagne eine Keto-Diät entmutigend erscheinen lassen kann. Dieses Buch macht den Genuss Ihrer Lieblings-Nudelrezepte möglich, ohne dass Sie sich dabei schuldig fühlen müssen.

In diesem Buch finden Sie Rezepte mit hausgemachten Nudeln (wenn Sie gerne kochen) oder Rezepte mit einfachen Keto-Pasta-Optionen, die Sie leicht im Supermarkt finden können. Diese schnellen Optionen sind perfekt, wenn Sie auf der Suche nach einem Rezept sind, das wenig Zeit und nicht zu viele Zutaten benötigt. Wenn Sie aber abenteuerlustig sind, gibt es auch viele Rezepte mit hausgemachter Pasta!

Sie werden außerdem sechs Grundrezepte für hausgemachte Pasta finden, die Sie mit vielen der Rezepte in diesem Buch kombinieren können.

Ich hoffe, dieses Buch inspiriert Sie und zeigt Ihnen, wie Sie auch mit einer Keto-Diät noch Ihre Lieblings-Nudelrezepte genießen können!

Wenn Sie Fragen oder Anregungen haben, schicken Sie mir bitte eine E-Mail an: elizabeth@ketojane.com.

Wenn Ihnen das Buch gefallen hat und Sie eine Bewertung schreiben möchten, folgen Sie bitte dem Link zu Amazon:

http://ketojane.com/PastaReview

Alles Gute,

Elizabeth

WIE FUNKTIONIERT DIESES BUCH?

Dieses Kochbuch enthält hilfreiche Kochtipps, die Ihnen helfen, die bestmöglichen Ergebnisse zu erzielen. Jedes Rezept enthält eines der zehn Grundrezepte für hausgemachte Pasta, die Sie am Anfang des Buches finden.

Sie werden sehen, dass oben rechts in jedem Rezept fünf Symbole sind. Eine Legende zu diesen Symbolen finden Sie unten:

Vorbereitungszeit:
Die für die Zubereitung des Rezeptes benötigte Zeit. Die Kochzeit ist darin nicht enthalten.

Kochzeit:
Die Zeit, die zum Kochen des Rezepts benötigt wird. Die Vorbereitungszeit ist darin nicht enthalten.

Portionen:
Die Anzahl der Portionen, die Sie mit dem Rezept zubereiten können. Diese kann angepasst werden. Wenn Sie z.B. die Menge aller Zutaten verdoppeln, können Sie doppelt so viele Portionen herstellen. Denken Sie daran, auch das Grundrezept zu verdoppeln!

Schwierigkeitsstufe:
1: Ein leicht zuzubereitendes Rezept, das sich mit wenigen Zutaten und in kurzer Zeit zusammenstellen lässt.
2: Diese Rezepte sind etwas schwieriger und zeitaufwendiger, aber immer noch einfach - auch für Anfänger!
3: Ein fortgeschritteneres Rezept für den abenteuerlustigen Koch! Sie werden in diesem Buch nicht allzu viele Rezepte der Stufe 3 sehen. Diese Rezepte sind ideal, wenn Sie etwas mehr Zeit in der Küche verbringen und etwas Außergewöhnliches zubereiten möchten.

Kosten:
€: Ein preiswertes, alltägliches Rezept.
€€: Ein preiswertes, alltägliches Rezept der mittleren Preisklasse.
€€€: Ein teureres Rezept, das sich hervorragend zum Servieren bei einer Familienfeier oder Party eignet. Diese Rezepte neigen dazu, teure Zutaten zu enthalten.

Ernährungslabel:

V: Vegetarisch: Vegetarische Rezepte sind fleischfrei, können aber dennoch Milchprodukte wie Sahne oder Käse und Eier enthalten.

GF: Glutenfrei

P: Paläo

TIPPS ZUR HERSTELLUNG DER BESTEN KETO-PASTA

Zunächst möchte ich Ihnen ein paar Tipps zur Herstellung der perfekten Keto-Pasta geben. Das ist ein allgemeiner Ratgeber mit einigen Tipps und Tricks, die ich auf meinem Weg hilfreich fand.

Bereiten Sie die Grundrezepte im Voraus vor

Da alle Rezepte in diesem Buch auf den Grundrezepten für Pasta basieren, können Sie die Grundrezepte im Voraus vorbereiten, um Zeit zu sparen. Einige lassen sich besser am gleichen Tag kochen, aber Sie können die Pasta auch vorbereiten, sie ungekocht lassen und im Kühl- oder Gefrierschrank aufbewahren, um sie am nächsten Tag zu kochen.

Behalten Sie die Kochzeit im Auge

Fast alle Pasta-Grundrezepte benötigen eine Kochzeit von nur 1-5 Minuten. Das ist etwas ganz anderes als das, was Sie vielleicht von traditionellen Nudeln gewohnt sind. Denken Sie also daran und achten Sie darauf, dass Sie die Nudeln nicht verkochen.

Allgemeine Tricks, um ein Keto-Pasta-Profi zu werden

- Verdoppeln oder verdreifachen Sie die Rezepte, um sie einfrieren und später verwenden zu können.
- Halten Sie alle Ihre Keto-Pastawerkzeuge bereit.
- Wenn Sie Ihre gekochte Keto-Pasta abtropfen lassen, gehen Sie dabei sehr vorsichtig vor, da die Nudeln im Vergleich zu normaler Pasta zerbrechlicher sind.
- Schrecken Sie Ihre gekochte Keto-Pasta sofort mit kaltem Wasser ab, um ein Verkleben zu verhindern.
- Verwenden Sie ein Fett wie Olivenöl, um Ihre gekochte Keto-Pasta hineinzuwerfen, damit sie nicht verkleben.

Optionen mit gekauften Keto-Fertignudeln

Brauchen Sie eine schnelle Option? Hier sind einige im Laden gekaufte, fertige Keto-Pasta-Optionen, die Sie in den meisten Lebensmittelgeschäften kaufen können.

Ich stelle in diesem Buch eine Handvoll Rezepte vor, die einige dieser schnell zubereiteten Nudeln enthalten! Probieren Sie diese Rezepte aus, wenn Sie keine Zeit oder Lust haben, selbstgemachte Keto-Pasta vorzubereiten.

- Shirataki-Nudeln
- Dünne Paläo-Nudeln
- Wunder-Nudeln
- Palmini-Lasagne-Nudeln

NÜTZLICHE KÜCHENWERKZEUGE ZUR NUDELHERSTELLUNG

Im Laufe der Jahre habe ich eine Handvoll Küchenwerkzeuge gefunden, die das Kochen viel einfacher machen! Hier finden Sie eine Liste meiner Lieblingskochutensilien, die Ihnen bei der Zubereitung der perfekten Keto-Pasta helfen werden. Dies sind die Grundbestandteile in meiner Küche und einige meiner besten Investitionen, weil sie für Dutzende von verschiedenen Rezepten verwendet werden können:

Gemüse-Spiralschneider

Lebensmittel-Lagerbehälter

Bambus-Schneidebrett

Edelstahl-Sieb

Silikon-Nudelsieb

Edelstahl-Sieb

Schöpflöffel

VIELLEICHT MÖGEN SIE AUCH

Hausgemachtes Keto Suppen-Kochbuch: Fettverbrennende & köstliche Suppen, Eintöpfe, Brühen und Brote

☆☆☆☆☆ ⌄   92 Bewertungen

Die Antwort auf Ihr Keto-Dilemma beim Abendessen. Einfache Keto- und Low Carb-freundliche Suppen und Eintöpfe, um Ihre Seele zu befriedigen, alle mit weniger als 5g Netto-Kohlenhydraten!

"DAS BESTE KETO-SUPPEN-BUCH DA DRAUSSEN - Es ist so ein gutes Buch, ich liebe Suppen, aber Keto sind die meisten nicht machbar! Sie sind so lecker! Ich habe schon 3 Favoriten & fange gerade erst an!" - Gram, glücklicher Keto-Amazon-Kunde http://ketojane.com/soup

☆☆☆☆☆ ⌄   219 Bewertungen

Keto Brotbäcker-Kochbuch

Jeder liebt Brot! Und wenn Sie auf einer besonderen Diät sind und Brot vermissen, dann ist dieses Buch genau das Richtige für Sie! Paleo, Low Carb, glutenfrei, Keto, weizenfrei, aber immer noch der gleiche tolle Geschmack. Das Keto Brotbäcker-Kochbuch enthält all die Brote, von denen Sie dachten, dass Sie sie aufgeben müssen.

Amazon-Kunde - Meine neue Brotbibel http://ketojane.com/bread

KOSTENLOSE KETOSAUCEN

Ich garantiere Ihnen, dass Sie alle Rezepte im Keto Pasta & Nudel-Kochbuch lieben werden, aber es gibt Zeiten, in denen man in 2-3 Minuten etwas zusammenstellen möchte.

Diese kostenlosen Ketosaucen können in wenigen Minuten zubereitet und auf fast jedes Ketogericht gegeben werden, um sie von „alltäglich" in lecker zu verwandeln! Wenn Sie es wirklich eilig haben, verteilen Sie sie auf im Laden gekaufter Pasta, und schon haben Sie ein köstliches Keto-Gericht.

Von Marinaden bis hin zu Buttern gibt es einfache und köstliche Rezepte, die alles ergänzen, was Sie gerade zubereiten.

Besuchen Sie **http://www.ketojane.com/sauces**, um Ihr kostenloses Exemplar herunterzuladen.

GRUNDREZEPTE

In diesem Abschnitt finden Sie sechs Grundrezepte, falls Sie abenteuerlustig sind und Ihre eigene hausgemachte Keto-Pasta von Grund auf zubereiten möchten!

Da alle Rezepte in diesem Buch mit einer guten Basis beginnen, finden Sie hier eine Vielzahl verschiedener Keto-Nudeln, mit denen Sie loslegen können.

KOHLENHYDRATARME SPAGHETTI (DF, GF)

Vorbereitungszeit: 10 Min. Kochzeit: 2-3 Min. Portionen: 4 Schwierigkeitsstufe: 2 Kosten: €€

Zutaten:

- 95 g fein gemahlenes Mandelmehl
- 2 Esslöffel Kokosmehl
- 1 Teelöffel Xanthangummi
- 1 Messerspitze Meersalz und Pfeffer
- 2 Eier

Zubereitung:

1. Beginnen Sie damit, alle Mehle, das Xanthangummi, Salz und Pfeffer in eine große Schüssel zu geben und gut zu vermischen.
2. Schlagen Sie das Ei in die Schüssel auf und rühren Sie.
3. Den Teig zu einer Kugel formen und dann abgedeckt für etwa eine Stunde in den Kühlschrank stellen.
4. Nehmen Sie den Teig aus dem Kühlschrank und streichen Sie ihn auf einem mit Backpapier ausgekleideten Backblech zu einem etwa 2,5 cm dicken Teig.
5. Mit einem Nudelschneider lange Spaghetti schneiden.
6. Bewahren Sie den Teig im Kühlschrank oder in der Tiefkühltruhe auf, bis Sie ihn in einem der Rezepte in diesem Buch verwenden können.

Kochtipp: Wenn Sie diese Pasta als Basis vorbereiten möchten, lassen Sie sie etwa 1 Minute kochen. Nehmen Sie die Nudeln vorsichtig mit einer Schöpfkelle aus dem Topf und beträufeln Sie sie mit Fett wie Butter oder Olivenöl, damit sie nicht verkleben. Beachten Sie, dass sie während des Kochens manchmal ein wenig auseinander fallen, da sie zerbrechlich sind - das ist normal! Schneiden Sie die Nudeln etwas dicker als Sie denken, damit sie beim Kochen ihre Form behalten.

Nährwertinformationen

Kohlenhydrate: 8g
Ballaststoffe: 5g
Netto-Kohlenhydrate: 3g

Fett: 6g
Protein: 5g
Kalorien: 110

EIERNUDELN (GF)

Vorbereitungszeit: 10 Min.   Kochzeit: 9-10 Min.   Portionen: 4   Schwierigkeitsstufe: 2   Kosten: €

Zutaten:

- 4 Eier
- 110 g Frischkäse
- ½ Teelöffel Hefe
- ¼ Teelöffel Meersalz
- ⅛ Teelöffel gemahlener schwarzer Pfeffer

Zubereitung:

1. Beginnen Sie, indem Sie den Ofen auf 160 °C vorheizen und ein Backblech mit Backpapier auslegen.
2. Geben Sie alle Zutaten in einen Mixer und verrühren Sie alles.
3. Gießen Sie den Nudelteig auf das mit Pergamentpapier ausgelegte Backblech, um die Form gleichmäßig zu bedecken.
4. Backen Sie den Nudelteig 9-10 Minuten oder bis er fest wird.
5. Lassen Sie den Teig 10-15 Minuten abkühlen, bevor Sie die Nudeln in Eiernudeln schneiden.
6. Im Kühl- oder Gefrierschrank aufbewahren, bis sie bereit sind, zu einem der Rezepte in diesem Buch hinzugefügt zu werden.

Kochtipp: Sie können auch direkt nach dem Backen genossen werden, und lassen sich am besten gleich nach der Zubereitung genießen. Verwenden Sie sie also in Ihrem Lieblingsrezept aus diesem Buch, das nach Eiernudeln verlangt.

Zubereitungstipp: Sie können diese Nudeln leicht mit einem Pizzaschneider schneiden.

Nährwertinformationen

Kohlenhydrate: 1g
Ballaststoffe: 0g
Netto-Kohlenhydrate: 1g
Fett: 15g Protein: 8g
Kalorien: 166

GRÜNKOHL & KNOBLAUCH-EIERNUDELN (GF)

Vorbereitungszeit: 10 Min.   Kochzeit: 9-10 Min.   Portionen: 4   Schwierigkeitsstufe: 2   Kosten: €

Zutaten:

- 4 Eier
- 20 g gehackter Grünkohl
- 110 g Frischkäse
- ½ Teelöffel Hefe
- 1 Teelöffel Knoblauchkörner
- ¼ Teelöffel Meersalz
- ⅛ Teelöffel gemahlener schwarzer Pfeffer

Zubereitung:

1. Beginnen Sie, indem Sie den Ofen auf 160 °C vorheizen und ein Backblech mit Backpapier auslegen.
2. Geben Sie alle Zutaten außer des Grünkohls in einen Mixer, und verrühren Sie alles, bis es glatt ist.
3. Gießen Sie den Nudelteig auf das mit Backpapier ausgelegte Backblech und streuen Sie den gehackten Grünkohl hinein. Etwa 2,5 cm dick ausstreichen.
4. 9-10 Minuten oder bis sie fest sind backen.
5. Lassen Sie den Teig 10-15 Minuten abkühlen, bevor Sie ihn in lange dünne Streifen wie Eiernudeln schneiden.
6. Im Kühl- oder Gefrierschrank aufbewahren, bis sie bereit sind, zu einem der Rezepte in diesem Buch hinzugefügt zu werden.

....

Kochtipp: Wenn Sie diese Nudeln pur genießen möchten, lassen Sie sie 2-3 Minuten kochen und genießen Sie sie mit Butter oder Olivenöl, damit die Nudeln nicht verkleben.

....

Nährwertinformationen

Kohlenhydrate: 2g
Ballaststoffe: 0g
Netto-Kohlenhydrate: 2g

Fett: 15g Protein: 8g
Kalorien: 170

GEMISCHTE GEMÜSE-"ZOODLES" (DF, GF, V)

Vorbereitungszeit: 10 Min.   Kochzeit: 5 Min.   Portionen: 2   Schwierigkeitsstufe: 1   Kosten: €

Zutaten:

- 2 Zucchini
- 2 große Möhren
- 2 Esslöffel Olivenöl
- 1 Teelöffel italienische Gewürzmischung
- 1 Teelöffel Zwiebelpulver

Zubereitung:

1. Beginnen Sie mit dem Waschen der Zucchini und der Möhren und spiralisieren Sie dann mit einem Spiralschneider oder einer Mandoline.
2. Kochen Sie die Nudeln 5 Minuten lang oder bis sie weich sind.
3. In Olivenöl, italienischer Gewürzmischung und Zwiebelpulver schwenken.
4. Verwenden Sie sie als Basis für Ihr Lieblings-Nudelrezept.

....

Kochtipp: Kochen Sie sie, während Sie Ihr Lieblings-Nudelgericht zubereiten, da diese Nudeln am besten gleich nach dem Kochen genossen werden.

....

Nährwertinformationen

Kohlenhydrate: 14g
Ballaststoffe: 4g
Netto-Kohlenhydrate: 10g
Fett: 15g Protein: 3g
Kalorien: 188

KRAUTNUDELN (GF)

Vorbereitungszeit: 10 Min.   Kochzeit: 7-10 Min.   Portionen: 4   Schwierigkeitsstufe: 1   Kosten: €

Zutaten:

- 1 Kohlkopf
- ½ süße weiße Zwiebel, gehackt
- 1 Teelöffel Knoblauchpulver
- 2 Teelöffel italienische Gewürzmischung
- 2 Esslöffel Ghee

Zubereitung:

1. Beginnen Sie damit, den Kohl in Viertel zu schneiden, entfernen Sie dann den Kern und schneiden Sie ihn in dünne Streifen.
2. Als nächstes eine große Pfanne bei mittlerer Hitze mit dem Ghee vorwärmen und den Kohl und die Zwiebel hinzufügen.
3. Mit Knoblauchpulver, italienischer Gewürzmischung und Salz würzen.
4. 7-10 Minuten oder bis sie weich sind braten.
5. Als Basispasta für Ihr Lieblings-Nudelrezept verwenden.

....

Kochtipp: Kochen Sie gleichzeitig mit der Zubereitung Ihres Lieblings-Nudelrezepts, da diese Nudeln am besten gleich nach dem Kochen genossen werden.

....

Nährwertinformationen

Kohlenhydrate: 12g
Ballaststoffe: 5g
Netto-Kohlenhydrate: 7g
Fett: 7g Protein: 3g
Kalorien: 116

GESCHREDDERTE INGWER-KAROTTEN-NUDELN (DF, GF, V)

Vorbereitungszeit: 10 Min.   Kochzeit: 5 Min.   Portionen: 4   Schwierigkeitsstufe: 1   Kosten: €

Zutaten:

- 4 große Karotten
- 1 Teelöffel frisch geriebener Ingwer, frisch gerieben
- 2 Esslöffel Olivenöl
- 1 Teelöffel Meersalz
- ¼ Teelöffel gemahlener schwarzer Pfeffer

Zubereitung:

1. Beginnen Sie mit dem Waschen der Möhren und spiralisieren Sie mit einem Spiralschneider oder einer Mandoline.
2. Mit Olivenöl in eine Pfanne geben und mit Ingwer, Salz und Pfeffer würzen.
3. 5 Minuten bei mittlerer Hitze oder bis sie weich sind, sautieren.
4. Mit Ihrem Lieblings-Nudelrezept servieren.

....

Kochtipp: Kochen Sie gleichzeitig mit der Zubereitung Ihres Lieblingsrezepts, da diese Nudeln am besten gleich nach dem Kochen genossen werden.

....

Nährwertinformationen

Kohlenhydrate: 8g
Ballaststoffe: 2g
Netto-Kohlenhydrate: 6g
Fett: 7g
Protein: 1g
Kalorien: 91

REZEPTE

In jedem der Rezeptabschnitte finden Sie Rezepte, die eine Mischung hausgemachter Keto-Pasta als Basis verwenden, sowie eine Vielzahl von Optionen, die gekaufte Keto-Pasta verwenden. Wenn Sie für eines dieser Rezepte, das nach hausgemachter Pasta verlangt, lieber im Laden gekaufte Nudeln verwenden möchten, können Sie die Nudeln gegen eine im Laden gekaufte Variante austauschen. Die meisten im Laden gekauften Keto-Nudeln eignen sich für alle diese Rezepte, also scheuen Sie sich nicht, in einem dieser Rezepte das zu verwenden, was Sie gerade da haben!

  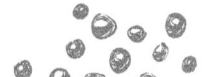

SPAGHETTI-REZEPTE

SPAGHETTI BOLOGNESE (GF)

Vorbereitungszeit: 15 Min.   Kochzeit: 10-15 Min.   Portionen: 4   Schwierigkeitsstufe: 2   Kosten: €€

Zutaten:

- 1 Ladung kohlenhydratarme Spaghetti-Nudeln
- 1 Esslöffel Olivenöl
- 450 g Rinderhackfleisch
- 225 g Marinarasauce ohne Zuckerzusatz
- 75 g trockener Rotwein
- ½ süße weiße Zwiebel, gehackt
- 2 Zehen Knoblauch, gehackt
- 2 Teelöffel italienische Gewürzmischung
- 30 g frisches Basilikum, gehackt
- 225 g Mozzarella, gerieben
- Kokosnussöl zum Kochen

Zubereitung:

1. Beginnen Sie mit der Herstellung einer Ladung der kohlenhydratarmen Spaghetti. Lassen Sie sie 1-2 Minuten kochen und übergießen sie dann mit Olivenöl.
2. Heizen Sie als Nächstes eine große Pfanne bei mittlerer Hitze mit Kokosnussöl vor und braten das Fleisch 7-10 Minuten oder bis es braun ist.
3. Fügen Sie die Zwiebeln und den Knoblauch hinzu und braten Sie das Fleisch weitere 3-4 Minuten an.
4. Dann die Marinarasauce, den trockenen Rotwein und die italienische Gewürzmischung hinzufügen und etwa 10 Minuten lang kochen lassen.
5. Die gekochten Spaghetti in eine große Rührschüssel geben und mit der Hackfleischmischung bedecken.
6. Mit dem Käse und Basilikum bestreuen.
7. In vier Portionen teilen und genießen.

Nährwertinformationen

Kohlenhydrate: 20
Ballaststoffe: 7g
Netto-Kohlenhydrate: 13g
Fett: 21g Protein: 43g
Kalorien: 453

PEPERONI-PIZZA-SPAGHETTI (GF)

Vorbereitungszeit: 10 Min.   Kochzeit: 6-8 Min.   Portionen: 4   Schwierigkeitsstufe: 2   Kosten: €€

Zutaten:

- 1 Ladung kohlenhydratarme Spaghetti
- 120 g Butter, geschmolzen
- 110 g Marinara-Sauce ohne Zuckerzusatz
- 10 Scheiben Peperoni, in kleine Stücke geschnitten
- 110 g Mozzarella, gerieben

Zubereitung:

1. Beginnen Sie mit der Herstellung einer Charge der kohlenhydratarmen Spaghetti. Lassen Sie sie 1-2 Minuten kochen und schwenken Sie sie dann mit der geschmolzenen Butter.
2. Als Nächstes die Marinarasauce und die Peperoni bei schwacher Hitze in einen Suppentopf geben und etwa 5 Minuten kochen lassen.
3. Vom Herd nehmen und die Spaghetti hinzufügen. Leicht umrühren und mit dem geriebenen Käse bestreuen.
4. In vier Portionen teilen und sofort genießen.

Nährwertinformationen

Kohlenhydrate: 9
Ballaststoffe: 6g
Netto-Kohlenhydrate: 3g
Fett: 36g
Protein: 10g
Kalorien: 397

GARNELEN-SCAMPI (GF)

Vorbereitungszeit: 10 Min.   Kochzeit: 10 Min.   Portionen: 4   Schwierigkeitsstufe: 2   Kosten: €€

Zutaten:

- 1 Ladung kohlenhydratarme Spaghetti
- 1 Esslöffel Olivenöl
- 450 g Garnelen, geschält und geköpft
- 60 g Butter, geschmolzen
- 75 g trockener Weißwein
- 2 Knoblauchzehen, gehackt
- 2 Esslöffel frische Petersilie, gehackt

Zubereitung:

1. Beginnen Sie mit der Herstellung einer Ladung der kohlenhydratarmen Spaghetti. Lassen Sie sie 2-3 Minuten kochen und verrühren Sie sie dann mit dem Olivenöl.
2. Als Nächstes eine große Pfanne bei mittlerer Hitze mit der Butter vorheizen und die Garnelen ca. 3 Minuten auf jeder Seite oder bis sie rosa sind garen.
3. Knoblauch und Wein hinzufügen und ca. 5 Minuten kochen lassen.
4. Die gekochten Spaghetti und die Petersilie hinzufügen und vorsichtig vermischen.
5. In vier Portionen teilen und sofort genießen.

Nährwertinformationen

Kohlenhydrate: 11
Ballaststoffe: 6g
Netto-Kohlenhydrate: 5g
Fett: 23g
Protein: 31g
Kalorien: 391

DREI-KÄSE-SPAGHETTI-AUFLAUF (GF)

Vorbereitungszeit: 15 Min.   Kochzeit: 20 Min.   Portionen: 4   Schwierigkeitsstufe: 2   Kosten: €€

Zutaten:

- 1 Ladung kohlenhydratarme Spaghetti
- 1 Esslöffel Butter, geschmolzen
- 110 g Marinara-Sauce ohne Zuckerzusatz
- 125 g Ricotta-Käse
- 110 g Mozzarella, gerieben
- 115 g weißer Cheddar, gerieben
- 1 Esslöffel italienische Gewürzmischung
- 1 Teelöffel Knoblauchpulver

Zubereitung:

1. Beginnen Sie mit der Herstellung einer Ladung der kohlenhydratarmen Spaghetti. 2-3 Minuten kochen und dann mit der Butter schwenken.
2. Als nächstes den Ofen auf 175 °C vorheizen und eine Auflaufform mit Backpapier auslegen.
3. Geben Sie die gekochten Spaghetti in die ausgekleidete Auflaufform und geben Sie die Hälfte der Marinarasauce darüber.
4. Fügen Sie den Ricotta-Käse hinzu und bedecken Sie ihn mit der restlichen Marinara-Sauce.
5. Diese Schicht mit Mozzarella und Parmesankäse belegen.
6. Mit der italienischen Gewürzmischung und Knoblauchpulver abschmecken.
7. 10-15 Minuten oder bis der Käse geschmolzen ist backen.
8. Die Masse aus der Auflaufform löffeln und in vier Portionen aufteilen.
9. Zuschlagen und genießen!

Nährwertinformationen

Kohlenhydrate: 10
Ballaststoffe: 6g
Netto-Kohlenhydrate: 4g

Fett: 16g
Protein: 10g
Kalorien: 221

SPAGHETTI UND FLEISCHBÄLLCHEN (GF)

Vorbereitungszeit: 15 Min.   Kochzeit: 17-23 Min.   Portionen: 4   Schwierigkeitsstufe: 2   Kosten: €€

Zutaten:

- 1 Ladung kohlenhydratarme Spaghetti
- 1 Esslöffel Olivenöl
- 450 g Rinderhackfleisch
- 2 Esslöffel Ghee
- 2 Teelöffel italienische Gewürzmischung
- 1 Knoblauchzehe, gehackt
- 225 g Marinara-Sauce ohne Zuckerzusatz
- 30 g Parmesan, gerieben

Zubereitung:

1. Beginnen Sie damit, das Hackfleisch, Ghee, die italienische Gewürzmischung und den gehackten Knoblauch in eine große Rührschüssel zu geben und gut zu vermischen. Zu 8 kleinen Fleischbällchen formen.
2. Geben Sie die Marinarasauce bei mittlerer Hitze in einen Suppentopf und geben Sie die Fleischbällchen hinzu. Zum Kochen bringen und 15-20 Minuten kochen lassen.
3. Während die Fleischklöße kochen, eine Ladung der kohlenhydratarmen Spaghetti zubereiten. 2-3 Minuten kochen lassen und dann mit Olivenöl schwenken.
4. Die Sauce zu den Nudeln geben und vorsichtig umrühren, um die Nudeln zu bestreichen. Mit den gekochten Fleischklößchen servieren und mit dem geriebenen Parmesan bedecken.

Nährwertinformationen

Kohlenhydrate: 11
Ballaststoffe: 6g
Netto-Kohlenhydrate: 5g
Fett: 26g
Protein: 42g
Kalorien: 446

GARNELEN-BASILIKUM-PESTO-SPAGHETTI (GF)

Vorbereitungszeit: 10 Min. Kochzeit: 10 Min. Portionen: 4 Schwierigkeitsstufe: 2 Kosten: €€

Zutaten:

- 1 Ladung kohlenhydratarme Spaghetti
- 2 Esslöffel Butter, geschmolzen
- 1 Esslöffel Kokosnussöl
- 450 g Garnelen, geschält und geköpft
- 35 g Pinienkerne
- 65 g Olivenöl
- 120 g frisches Basilikum, verpackt
- 2 Zehen Knoblauch
- 1 Prise Meersalz

Zubereitung:

1. Beginnen Sie mit der Herstellung einer Ladung der kohlenhydratarmen Spaghetti. Diese Nudeln 2-3 Minuten kochen und dann mit der Butter schwenken.
2. Als Nächstes eine große Pfanne bei mittlerer Hitze mit dem Kokosnussöl vorheizen und die Garnelen ca. 3 Minuten von jeder Seite oder bis sie rosa sind garen.
3. Pinienkerne, Olivenöl, Basilikum, Knoblauch und Salz in eine Küchenmaschine oder einen Mixer geben und glatt rühren.
4. Die gekochten Spaghetti in die Pfanne mit den gekochten Garnelen geben und mit dem Pesto beträufeln. Vorsichtig umrühren, um es zu verbinden.
5. Teilen Sie die Spaghetti in vier Portionen und genießen Sie sie sofort.

Nährwertinformationen

Kohlenhydrate: 12
Ballaststoffe: 6g
Netto-Kohlenhydrate: 6g
Fett: 49g
Protein: 33g
Kalorien: 603

KARAMELLISIERTE ZWIEBEL- & PUTENSPAGHETTI (GF)

Vorbereitungszeit: 10 Min.   Kochzeit: 19-27Min.   Portionen: 4   Schwierigkeitsstufe: 2   Kosten: €€

Zutaten:

- 1 Ladung kohlenhydratarme Spaghetti
- 1 Esslöffel Olivenöl
- 450 g Truthahn-Hackfleisch
- 1 Esslöffel Kokosnussöl
- 1 süße weiße Zwiebel, gehackt
- 60 g Butter, geschmolzen

Zubereitung:

1. Beginnen Sie mit der Herstellung einer Ladung der kohlenhydratarmen Spaghetti. Lassen Sie sie 2-3 Minuten kochen und verrühren Sie sie dann mit dem Olivenöl.

2. Als Nächstes eine große Pfanne bei mittlerer Hitze mit dem Kokosnussöl vorheizen und den gemahlenen Truthahn etwa 10-14 Minuten oder bis er gar ist braten. Sobald er gar ist, beiseite stellen.

3. Geben Sie dann die Butter zusammen mit der gehackten Zwiebel in eine Pfanne. 7-10 Minuten kochen lassen oder bis sie karamellisiert ist.

4. Servieren Sie die gekochten Spaghetti mit dem Truthahn und den karamellisierten Zwiebeln.

5. In vier Portionen teilen und genießen!

Nährwertinformationen

Kohlenhydrate: 11g
Ballaststoffe: 6g
Netto-Kohlenhydrate: 5g
Fett: 37g
Protein: 37g
Kalorien: 504

CREMIGE KNOBLAUCH-SPINAT-SPAGHETTI (GF)

Vorbereitungszeit: 10 Min.   Kochzeit: 5-6 Min.   Portionen: 4   Schwierigkeitsstufe: 2   Kosten: €€

Zutaten:

- 1 Ladung der kohlenhydratarmen Spaghetti
- 2 Esslöffel Olivenöl
- 1 Esslöffel Butter
- 115 g Crème Double
- 2 Zehen Knoblauch, gehackt
- 60 g frischer Spinat
- 1 Prise Meersalz

Zubereitung:

1. Beginnen Sie mit der Herstellung einer Ladung der kohlenhydratarmen Spaghetti. Lassen Sie sie 2-3 Minuten kochen und verrühren Sie sie dann mit dem Olivenöl.
2. Als Nächstes eine große Pfanne bei mittlerer Hitze vorheizen und die Butter hinzufügen. Knoblauch und Spinat ca. 3 Minuten anbraten. Mit dem Meersalz abschmecken.
3. Vom Herd nehmen und die Crème Double mit dem Schneebesen einrühren.
4. Servieren Sie die cremige Spinatsauce über den Spaghetti.
5. In vier Portionen teilen und genießen.

Nährwertinformationen

Kohlenhydrate: 10
Ballaststoffe: 6g
Netto-Kohlenhydrate: 5g
Fett: 22g
Protein: 6g
Kalorien: 253

SPAGHETTI MIT PIKANTER TOMATENSAUCE (GF)

Vorbereitungszeit: 15 Min.   Kochzeit: 12-13 Min.   Portionen: 4   Schwierigkeitsstufe: 2   Kosten: €€

Zutaten:

- 1 Ladung kohlenhydratarme Spaghetti
- 1 (400 g) Dose gedünstete Tomaten
- 1 kleine Jalapeño-Paprika, entkernt und gehackt
- 2 Zehen Knoblauch, gehackt
- 1 Handvoll frisches Basilikum
- 1 Teelöffel Salz
- 30 g Parmesan, gerieben

Zubereitung:

1. Beginnen Sie mit der Herstellung einer Ladung der kohlenhydratarmen Spaghetti. Lassen Sie sie 2-3 Minuten kochen, gießen sie ab und geben sie zurück in den Topf. Beiseite stellen.
2. Geben Sie dann die gedünsteten Tomaten aus der Dose, Jalapeño-Paprika, Knoblauch und Salz bei mittlerer Hitze in einen Suppentopf. Zum Kochen bringen und etwa 10 Minuten köcheln lassen.
3. Die Mischung zusammen mit dem frischen Basilikum in eine Küchenmaschine geben und glatt rühren.
4. Die Sauce in den Topf mit den Spaghetti gießen und leicht schwenken, um die Spaghetti zu bedecken.
5. Mit ein wenig Parmesan genießen.

Nährwertinformationen

Kohlenhydrate: 13g
Ballaststoffe: 7g
Netto-Kohlenhydrate: 6g
Fett: 8g
Protein: 8g
Kalorien: 154

SPAGHETTI-NUDELN MIT PETERSILIE UND ZITRONE (GF)

Vorbereitungszeit: 15 Min.   Kochzeit: 2-3 Min.   Portionen: 4   Schwierigkeitsstufe: 2   Kosten: €€

Zutaten:

- 1 Ladung kohlenhydratarme Spaghetti
- 65 g Olivenöl
- 70 g Pinienkerne
- 60 g frisches Basilikum
- 15 g frische Petersilie
- 2 Zehen Knoblauch
- 2 Esslöffel frisch gepresster Zitronensaft
- 1 Teelöffel Meersalz
- 75 g Feta-Käse, zerbröselt

Zubereitung:

1. Beginnen Sie mit der Herstellung einer Ladung der kohlenhydratarmen Spaghetti. Kochen Sie sie und stellen Sie sie in einem Suppentopf oder einer großen Rührschüssel beiseite.
2. Geben Sie dann alle restlichen Zutaten ohne Feta-Käse in eine Küchenmaschine oder einen Mixer und verrühren Sie alles glatt.
3. Gießen Sie die Soße mit den gekochten Spaghetti in den Suppentopf oder in die Rührschüssel.
4. Servieren Sie die Sauce mit Feta-Käse.

Nährwertinformationen

Kohlenhydrate: 12g
Ballaststoffe: 6g
Netto-Kohlenhydrate: 6g
Fett: 47g
Protein: 11g
Kalorien: 497

CREMIG-VEGETARISCHE KNOBLAUCHNUDELN (GF, DF)

Vorbereitungszeit: 10 Min.   Kochzeit: 5-6 Min.   Portionen: 4   Schwierigkeitsstufe: 2   Kosten: €€

Zutaten:

- 1 Ladung kohlenhydratarme Spaghetti
- 30 g Olivenöl
- 2 Zehen Knoblauch, gehackt
- 1 Teelöffel italienische Gewürzmischung
- 35 g Pinienkerne
- 1 Esslöffel Kokosnussöl zum Kochen
- Basilikum zum garnieren (optional)

Zubereitung:

1. Beginnen Sie mit der Zubereitung einer Charge der kohlenhydratarmen Spaghetti, kochen Sie sie und geben Sie sie in eine große Rührschüssel.
2. Geben Sie das Kokosnussöl in eine Pfanne und kochen Sie den Knoblauch etwa 3 Minuten lang.
3. Geben Sie das Olivenöl, den Knoblauch, das italienische Gewürzmischung und die Pinienkerne in die gleiche Schüssel wie die Spaghetti und mischen Sie alles zusammen.
4. In vier Portionen teilen und nach Wunsch mit frischem Basilikum servieren.
5. Genießen Sie die Spaghetti!

Nährwertinformationen

Kohlenhydrate: 10g
Ballaststoffe: 6g
Netto-Kohlenhydrate: 4g
Fett: 28g
Protein: 7g
Kalorien: 310

5-MINUTEN KOKOSNUSS-KETO-SATAY (GF, V)

Vorbereitungszeit: 5 Min.   Kochzeit: 4-5 Min.   Portionen: 2   Schwierigkeitsstufe: €   Kosten: €

Zutaten:

- 1 Packung Shirataki-Nudeln (z.B. Nasoya)
- 1 Esslöffel Kokosnussöl
- 1 grüne Zwiebel, gehackt
- 90 g Brokkoliröschen
- 2 Esslöffel Kokosnuss-Aminos
- ½ Teelöffel geknackter roter Pfeffer
- ½ Avocado, in Scheiben geschnitten, zum Garnieren

Zubereitung:

1. Die Shirataki-Nudeln 2 Minuten kochen, abspülen und in eine Pfanne mit Kokosnussöl geben.
2. Mit der grünen Zwiebel, dem Brokkoli und den Kokosnuss-Aminos anbraten und weitere 2-3 Minuten kochen lassen.
3. Mit der geknackten roten Paprika und der in Scheiben geschnittenen Avocado servieren.
4. Guten Appetit!

Nährwertinformationen

Kohlenhydrate: 15g
Ballaststoffe: 8g
Netto-Kohlenhydrate: 7g
Fett: 17g
Protein: 3g
Cals: 209

BUTTER, PARMESAN & PETERSILIENNUDELN (GF)

Vorbereitungszeit: 5 Min.   Kochzeit: 4-5 Min.   Portionen: 2   Schwierigkeitsstufe: €   Kosten: €

Zutaten:

- 1 Packung Shirataki-Nudeln (wie Nasoya)
- 2 Esslöffel Butter
- 60 g Parmesan, gerieben
- 2 Knoblauchzehen, gehackt
- 2 Esslöffel frische Petersilie, gehackt

Zubereitung:

1. Die Shirataki-Nudeln zunächst 2 Minuten kochen, abspülen und in eine Pfanne mit Butter geben.
2. Parmesankäse, Knoblauch und frische Petersilie untermischen. Weitere 2-3 Minuten kochen lassen.
3. Genießen Sie die Nudeln!

Nährwertinformationen

Kohlenhydrate: 4g
Ballaststoffe: 3g
Netto-Kohlenhydrate: 1g
Fett: 17g
Protein: 9g
Cals: 206

ASIATISCHE KETO-NUDELN MIT WÜRZIGEM SESAM (GF, V)

Vorbereitungszeit: 5 Min.   Kochzeit: 4-5 Min.   Portionen: 2   Schwierigkeitsstufe: €   Kosten: €

Zutaten:

- 1 Packung Shirataki-Nudeln (wie Nasoya)
- 2 Esslöffel Kokosnussöl
- 1 Teelöffel Sesamöl
- 1 Esslöffel Kokosnuss-Aminos
- 1 Teelöffel geknackter roter Pfeffer
- 1 EL Sesamkörner

Zubereitung:

1. Beginnen Sie damit, die Shirataki-Nudeln 2 Minuten lang zu kochen, spülen Sie sie ab und geben Sie sie in eine Pfanne mit dem Kokosnussöl.
2. Fügen Sie das Sesamöl, die Kokosnuss-Aminos und die geknackte rote Paprikaschote hinzu und lassen Sie die Nudeln weitere 2-3 Minuten kochen.
3. Mit den Sesamkörnern bestreuen und genießen!

Nährwertinformationen

Kohlenhydrate: 7g
Ballaststoffe: 4g
Netto-Kohlenhydrate: 3g
Fett: 18g
Protein: 2g
Cals: 186

MAKKARONI-KÄSE-SPAGHETTI (GF)

Vorbereitungszeit: 5 Min.   Kochzeit: 4-5 Min.   Portionen: 2   Schwierigkeitsstufe: €   Kosten: €

Zutaten:

- 1 Packung Shirataki-Spaghetti-Nudeln (wie Nasoya)
- 2 Esslöffel Butter
- 230 g Cheddar, gerieben
- 1 Teelöffel Knoblauchpulver
- 1 Teelöffel Zwiebelpulver
- 2 Esslöffel Parmesankäse, gerieben

Zubereitung:

1. Die Shirataki-Nudeln 2 Minuten kochen, abspülen und mit der Butter in eine Pfanne geben.
2. Käse, Knoblauch und Zwiebelpulver hinzufügen. Weitere 2-3 Minuten kochen lassen.
3. Mit Parmesankäse bestreuen und genießen!

Nährwertinformationen

Kohlenhydrate: 7g
Ballaststoffe: 3g
Netto-Kohlenhydrate: 4g
Fett: 32g
Protein: 17g
Cals: 374

  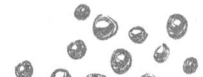

GEMÜSEBASIERTE NUDELREZEPTE

PAD THAI (GF)

Vorbereitungszeit: 10 Min.   Kochzeit: 5 Min.   Portionen: 4   Schwierigkeitsstufe: 1   Kosten: €€

Zutaten:

- 1 Ladung geschredderte Ingwer-Möhren-Nudeln
- 2 Esslöffel Kokosnuss-Aminos
- ½ Esslöffel Fischsauce
- 4 Eier, Rührei
- 2 Zehen Knoblauch, gehackt
- 1 kleine Schalotte, gehackt
- 40 g Erdnüsse, gehackt
- 2 Esslöffel Frühlingszwiebel, gehackt
- 1 Avocado, in Würfel geschnitten
- Kokosnussöl zum Kochen

Zubereitung:

1. Beginnen Sie mit der Herstellung einer Ladung der geschredderten Ingwer-Möhren-Nudeln.
2. Geben Sie die Nudeln in eine Rührschüssel und vermischen Sie sie mit den Kokosnuss-Aminos und der Fischsauce.
3. Verrühren Sie die Eier im Kokosnussöl und fügen Sie den Knoblauch und die Schalotte hinzu und braten Sie sie 5 Minuten lang an.
4. Geben Sie die Eier, den Knoblauch und die Schalotten zu den Nudeln, fügen Sie die restlichen Zutaten hinzu und vermischen Sie alles gut.
5. In fünf Portionen aufteilen und genießen!

Nährwertinformationen

Kohlenhydrate: 17g
Ballaststoffe: 6
Netto-Kohlenhydrate: 11g
Fett: 26g
Protein: 10g
Kalorien: 324

KAROTTEN-INGWER-NUDELN MIT ASIATISCHER ERDNUSSSAUCE (GF, DF)

Vorbereitungszeit: 10 Min.   Kochzeit: 5 Min.   Portionen: 4   Schwierigkeitsstufe: 1   Kosten: €€

Zutaten:

- 1 Ladung geschredderte Ingwer-Möhren-Nudeln
- 60 g Kokosnuss-Aminos
- 3 Esslöffel cremige Erdnussbutter
- 2 Zehen Knoblauch, gehackt
- 2 Esslöffel frischer Koriander, gehackt

Zubereitung:

1. Beginnen Sie mit der Herstellung einer Ladung der geschredderten Ingwer-Möhren-Nudeln.
2. Geben Sie die Kokosnuss-Aminos und die Erdnussbutter in eine Rührschüssel und verrühren Sie sie.
3. Den gehackten Knoblauch einrühren und über die Nudeln geben.
4. Mit Koriander belegen und genießen.

Nährwertinformationen

Kohlenhydrate: 16g
Ballaststoffe: 3g
Netto-Kohlenhydrate: 13g
Fett: 19g
Protein: 7g
Kalorien: 250

KNOBLAUCH-PARMESAN-NUDELN (GF)

Vorbereitungszeit: 10 Min.   Kochzeit: 5-8 Min.   Portionen: 4   Schwierigkeitsstufe: 2   Kosten: €€

Zutaten:

- 1 Ladung geschredderte Ingwer-Möhren-Nudeln
- 60 g Ghee
- 2 Zehen Knoblauch, gehackt
- 30 g Parmesan, gerieben

Zubereitung:

1. Beginnen Sie mit der Herstellung einer Ladung der geschredderten Ingwer-Möhren-Nudeln.
2. Geben Sie das Ghee zusammen mit den Karotten-Ingwer-Nudeln in eine Pfanne.
3. Geben Sie den Knoblauch hinzu und braten alles 3 Minuten lang an.
4. Vom Herd nehmen und mit Parmesan bestreuen.

In vier Portionen teilen und genießen!

Nährwertinformationen

Kohlenhydrate: 8g
Ballaststoffe: 2g
Netto-Kohlenhydrate: 6g
Fett: 21g
Protein: 3g
Kalorien: 227

ZOODLES & FLEISCHBÄLLCHEN (GF)

Vorbereitungszeit: 20 Min.   Kochzeit: 35-40 Min.   Portionen: 4   Schwierigkeitsstufe: 2   Kosten: €€

Zutaten:

- 1 Ladung gemischte Gemüse-Zoodles
- 450 g Rinderhackfleisch
- 1 Ei
- 110 g Mozzarella, gerieben
- 2 Zehen Knoblauch, gehackt
- 2 Teelöffel italienische Gewürzmischung
- 1 Teelöffel Meersalz
- 225 g Marinara-Sauce ohne Zuckerzusatz
- 115 g Knochenbrühe
- 4 Esslöffel Parmesan, gerieben

Zubereitung:

1. Beginnen Sie mit der Herstellung einer Ladung der gemischten Gemüse-Zoodles.
2. Fügen Sie das Hackfleisch zusammen mit dem Ei, dem Mozzarella, dem Knoblauch, der italienischen Gewürzmischung und dem Meersalz in eine große Rührschüssel.
3. Gut mischen und dann zu Fleischbällchen formen.
4. Geben Sie die Marinarasauce und die Knochenbrühe in einen großen Suppentopf und geben Sie die Fleischbällchen hinzu. Zum Kochen bringen und dann 30-35 Minuten oder bis die Fleischbällchen gar sind köcheln lassen.
5. Über den Zoodels servieren und mit Parmesan bestreuen.

Nährwertinformationen

Kohlenhydrate: 10g
Ballaststoffe: 2g
Netto-Kohlenhydrate: 9g
Fett: 18g
Protein: 42g
Kalorien: 368

PUTENFLEISCHBÄLLCHEN MIT KNOBLAUCH & BASILIKUM MIT ZOODLES (GF)

Vorbereitungszeit: 20 Min.   Kochzeit: 25-30 Min.   Portionen: 4   Schwierigkeitsstufe: 2   Kosten: €€

Zutaten:

- 1 Ladung gemischte Gemüse-Zoodles
- 450 g Truthahn-Hackfleisch
- 80 g Grünkohl, gehackt
- 60 g frisches Basilikum, gehackt
- 2 Zehen Knoblauch, gehackt
- 2 Teelöffel italienische Gewürzmischung
- 1 Teelöffel Meersalz
- 225 g Marinara-Sauce ohne Zuckerzusatz
- 115 g Knochenbrühe
- 110 g Mozzarella, gerieben

Zubereitung:

1. Beginnen Sie mit der Herstellung einer Ladung der gemischten Gemüse-Zoodles.
2. Geben Sie das Truthahn-Hackfleisch zusammen mit Grünkohl, Basilikum, Knoblauch, italienischer Gewürzmischung und Meersalz in eine große Rührschüssel.
3. Gut mischen und dann zu Fleischbällchen formen.
4. Geben Sie die Marinarasauce und die Knochenbrühe in einen großen Suppentopf und geben Sie die Fleischbällchen hinzu. Zum Kochen bringen und dann 20-25 Minuten oder bis die Fleischbällchen gar sind köcheln lassen.
5. Über den Zoodels servieren und mit Mozzarella bestreuen.

Nährwertinformationen

Kohlenhydrate: 18g
Ballaststoffe: 4g
Netto-Kohlenhydrate: 14g
Fett: 22g
Protein: 36g
Kalorien: 396

KNOBLAUCH, BUTTER UND PARMESAN-ZOODLES (GF)

Vorbereitungszeit: 10 Min.   Kochzeit: 8-9 Min.   Portionen: 4   Schwierigkeitsstufe: 1   Kosten: €€

Zutaten:

- 1 Ladung gemischte Gemüse-Zoodles
- 60 g Butter
- 60 g Parmesan, gerieben
- 1 Knoblauchzehe, gehackt
- 15 g frisches Basilikum, gehackt

Zubereitung:

1. Beginnen Sie mit einer Ladung der gemischten Gemüse-Zoodles, aber kochen Sie sie nicht.
2. Geben Sie die Butter in eine große Pfanne bei mittlerer Hitze und fügen Sie die Zoodles hinzu. Die Zoodles 5 Minuten oder bis sie weich sind anbraten.
3. Käse und Knoblauch hinzufügen und weitere 3-4 Minuten kochen lassen.
4. Mit frischem Basilikum servieren und genießen!

Nährwertinformationen

Kohlenhydrate: 8g
Ballaststoffe: 2g
Netto-Kohlenhydrate: 6g
Fett: 22g
Protein: 6g
Kalorien: 239

Karottennudeln mit Knoblauch, Zwiebeln und Butter (GF)

Vorbereitungszeit: 10 Min.   Kochzeit: 8-9 Min.   Portionen: 4   Schwierigkeitsstufe: 1   Kosten: €€

Zutaten:

- 1 Ladung geschredderte Ingwer-Karotten-Nudeln
- 60 g Butter
- 1 süße weiße Zwiebel, gehackt
- 60 g Parmesan, gerieben
- 1 Knoblauchzehe, gehackt
- 55 g Mozzarella, gerieben

Zubereitung:

1. Beginnen Sie mit der Zubereitung einer Ladung der geschredderten Ingwer-Karotten-Nudeln, aber kochen Sie diese nicht.
2. Geben Sie die Butter in eine große Pfanne bei mittlerer Hitze und fügen Sie die Nudeln hinzu. Die Nudeln 5 Minuten oder bis sie weich sind anbraten.
3. Parmesan, Knoblauch und Zwiebel hinzufügen und weitere 3-4 Minuten kochen lassen.
4. Mit dem geriebenen Mozzarella servieren.
5. Guten Appetit!

Nährwertinformationen

Kohlenhydrate: 11g
Ballaststoffe: 3g
Netto-Kohlenhydrate: 8g
Fett: 22g
Protein: 5g
Kalorien: 252

KARAMELLISIERTE ZWIEBEL-KOHLNUDELN MIT HÜHNCHEN & MOZZARELLA-KÄSE (GF)

Vorbereitungszeit: 10 Min.   Kochzeit: 7-10 Min.   Portionen: 4   Schwierigkeitsstufe: 1   Kosten: €€

Zutaten:

- 1 Ladung Krautnudeln
- 60 g Butter
- 140 g gekochtes Huhn (Rotisserie funktioniert gut), zerkleinert
- 225 g Mozzarella, gerieben
- Meersalz und gemahlener schwarzer Pfeffer nach Geschmack

Zubereitung:

1. Beginnen Sie mit der Herstellung einer Ladung der Krautnudeln, aber kochen Sie sie nicht.
2. Geben Sie die Butter bei mittlerer Hitze in einen großen Suppentopf.
3. Krautnudeln hinzufügen und 7-10 Minuten oder bis die Krautnudeln weich sind anbraten.
4. Das gekochte, zerkleinerte Hühnerfleisch hinzufügen und den Käse einrühren.
5. Mit Salz und Pfeffer würzen.
6. Guten Appetit!

Nährwertinformationen

Kohlenhydrate: 15g
Ballaststoffe: 5g
Netto-Kohlenhydrate: 10g
Fett: 33g
Protein: 15g
Kalorien: 403

Keto Pasta

CREMIGE TEIGWAREN ALFREDO MIT WURST & PAPRIKA (GF)

Vorbereitungszeit: 10 Min.   Kochzeit: 15-17 Min.   Portionen: 4   Schwierigkeitsstufe: 1   Kosten: €€

Zutaten:

- 1 Ladung gemischte Gemüse-Zoodles
- 120 g Butter
- 230 g Crème Double
- 55 g Frischkäse
- 120 g Parmesan
- 2 Würstchen, in Scheiben geschnitten
- 1 rote Paprika, entkernt und in Scheiben geschnitten
- 1 grüne Paprika, entkernt und in Scheiben geschnitten
- 1 Esslöffel Kokosnussöl

Zubereitung:

1. Beginnen Sie mit einer Ladung der gemischten Gemüse-Zoodles, aber kochen Sie sie nicht. Beiseite stellen.
2. Geben Sie dann die Butter, die Crème Double, den Frischkäse und den Parmesan bei niedriger bis mittlerer Hitze in einen großen Suppentopf und rühren Sie um, bis der Käse geschmolzen ist und die Mischung gut vermischt ist.
3. Die Zoodles einrühren und nochmals 5 Minuten kochen lassen.
4. Während die Soße und die Zoodles kochen, eine große Pfanne bei mittlerer Hitze mit dem Kokosnussöl vorheizen. Die Würstchen und die Paprikaschoten 5-7 Minuten kochen oder bis die Paprikaschoten weich sind und die Würstchen vollständig gegart sind.
5. Mischen Sie die Wurst und die Paprikaschoten in die Zoodle-Mischung und genießen Sie!

Nährwertinformationen

Kohlenhydrate: 14g
Ballaststoffe: 3g
Netto-Kohlenhydrate: 11g

Fett: 58g
Protein: 13g
Kalorien: 610

Karottennudeln mit Truthahn & Brokkoli (GF)

Vorbereitungszeit: 10 Min.   Kochzeit: 13 Min.   Portionen: 4   Schwierigkeitsstufe: 2   Kosten: €€

Zutaten:

- 1 Ladung zerkleinerte Ingwer-Karotten-Nudeln
- 450 g Truthahn-Hackfleisch
- 90 g Brokkoliröschen
- 2 Zehen Knoblauch, gehackt
- 1 süße weiße Zwiebel, gehackt
- 2 Esslöffel Ghee
- 30 g Parmesan, gerieben

Zubereitung:

1. Beginnen Sie mit der Zubereitung einer Charge der zerkleinerten Ingwer-Karotten-Nudeln, kochen Sie sie und stellen Sie sie beiseite.
2. Bringen Sie einen großen Topf mit Wasser zum Kochen und lassen Sie die Brokkoliröschen 5 Minuten oder bis sie weich sind kochen.
3. Als nächstes eine große Pfanne bei mittlerer Hitze mit dem Ghee vorwärmen. Das Truthahn-Hackfleisch anbraten, bis er gar und nicht mehr rosa ist.
4. Knoblauch und Zwiebel in die Pfanne geben und weitere 3 Minuten anbraten.
5. Die gekochten Brokkoliröschen und Karottennudeln einrühren und gut vermischen.
6. Mit geriebenem Parmesan bestreuen.

Nährwertinformationen

Kohlenhydrate: 11g
Ballaststoffe: 3g
Netto-Kohlenhydrate: 8g
Fett: 27g
Protein: 35g
Kalorien: 406

ZOODLES MIT BOLOGNESESOSSE (GF)

Vorbereitungszeit: 15 Min.   Kochzeit: 8-10 Min.   Portionen: 4   Schwierigkeitsstufe: 2   Kosten: €€

Zutaten:

- 1 Ladung gemischte Gemüse-Zoodles
- 1 Esslöffel Olivenöl
- 450 g Rinderhackfleisch
- 225 g Marinara-Sauce ohne Zuckerzusatz
- ½ süße weiße Zwiebel, gehackt
- 2 Zehen Knoblauch, gehackt
- 2 Teelöffel italienische Gewürzmischung
- 30 g frische Petersilie, gehackt
- 225 g Mozzarella, gerieben
- Kokosnussöl zum Kochen

Zubereitung:

1. Beginnen Sie mit der Zubereitung einer Ladung der gemischten Gemüse-Zoodles, kochen Sie sie und stellen sie beiseite.
2. Als Nächstes eine große Pfanne bei mittlerer Hitze mit dem Kokosnussöl vorheizen und das Rindfleisch 7-10 Minuten oder bis es angebräunt ist braten.
3. Fügen Sie die Sauce, die italienische Gewürzmischung, die Zwiebel und den Knoblauch hinzu und braten Sie das Fleisch weitere 3-4 Minuten.
4. Die gekochten Zoodles in eine große Rührschüssel geben und mit der Hackfleischmischung bedecken.
5. Mit Mozzarella und Petersilie bestreuen.
6. In vier Portionen teilen und genießen.

Nährwertinformationen

Kohlenhydrate: 11g
Ballaststoffe: 3g
Netto-Kohlenhydrate: 8g
Fett: 20g
Protein: 39g
Kalorien: 377

GRIECHISCHER SALAT ZOODLES (GF)

Vorbereitungszeit: 10 Min.   Kochzeit: 5 Min.   Portionen: 4   Schwierigkeitsstufe: 1   Kosten: €€

Zutaten:

- 1 Ladung gemischte Gemüse-Zoodles
- 1 rote Zwiebel, in dünne Scheiben geschnitten
- 90 g schwarze Oliven, in Scheiben geschnitten
- 1 Gurke, halbiert
- 90 g Kirschtomaten, halbiert
- 30 g Olivenöl
- 1 Esslöffel italienische Gewürzmischung
- 75 g Feta-Käse, in Würfel geschnitten

Zubereitung:

1. Beginnen Sie mit der Zubereitung einer Ladung der gemischten Gemüse-Zoodles, kochen Sie sie und legen Sie sie beiseite.
2. Geben Sie dann die Zoodles in eine große Rührschüssel und fügen Sie alle übrigen Zutaten außer des Fetakäses und des Olivenöls hinzu. Mischen Sie alles.
3. Mit dem Olivenöl beträufeln und den zerbröckelten Feta-Käse hinzufügen. Nochmals umrühren.
4. 30 Minuten kalt stellen und genießen!

Serviervorschlag: Um einen Salat daraus zu machen, können Sie es auf Rucola servieren.

Nährwertinformationen

Kohlenhydrate: 15g
Ballaststoffe: 4g
Netto-Kohlenhydrate: 11g
Fett: 28g
Protein: 5g
Kalorien: 316

GURKEN- & FETA-GEMÜSE-ZOODLES (GF)

Vorbereitungszeit: 15 Min. (plus Abkühlzeit)   Kochzeit: 5 Min.   Portionen: 4   Schwierigkeitsstufe: 1
Kosten: €€

Zutaten:

- 1 Ladung gemischte Gemüse-Zoodles
- 1 Gurke, geviertelt und gehackt
- 75 g Feta-Käse, zerbröselt
- 15 g Rucola
- 30 g Olivenöl

Zubereitung:

1. Beginnen Sie mit der Herstellung einer Ladung der gemischten Gemüse-Zoodles. Kochen und in einem Suppentopf oder einer großen Rührschüssel beiseite stellen.
2. Fügen Sie alle übrigen Zutaten hinzu und verrühren Sie sie.
3. Vor dem Servieren 30 Minuten kalt stellen.

Nährwertinformationen

Kohlenhydrate: 11g
Ballaststoffe: 2g
Netto-Kohlenhydrate: 9g
Fett: 25g
Protein: 5g
Kalorien: 274

TOMATEN-, FETA- UND BASILIKUM-GEMÜSE-ZOODLES

Vorbereitungszeit: 10 Min.   Kochzeit: 10 Min.   Portionen: 4   Schwierigkeitsstufe: 2   Kosten: €€

Zutaten:

- 1 Ladung gemischte Gemüse-Zoodles
- 30 g frisches Basilikum
- 90 g Kirschtomaten, halbiert
- 30 g Olivenöl
- 75 g Feta-Käse
- 2 Zehen Knoblauch, gehackt
- 1 Esslöffel italienische Gewürzmischung
- 1 Esslöffel Kokosnussöl zum Kochen

Zubereitung:

1. Beginnen Sie mit der Herstellung einer Ladung gekochter gemischter Gemüse-Zoodles und geben Sie sie in eine Rührschüssel.
2. Geben Sie das Kokosnussöl bei mittlerer Hitze in eine Pfanne und fügen Sie die Tomaten und den Knoblauch hinzu. Etwa 5 Minuten kochen lassen. Mit der italienischen Gewürzmischung abschmecken.
3. Geben Sie das Olivenöl, die Tomaten, den Knoblauch, den Feta-Käse und das Basilikum in die Rührschüssel mit den Zoodles und verrühren Sie sie.
4. Sofort genießen.

Nährwertinformationen

Kohlenhydrate: 9g
Ballaststoffe: 2g
Netto-Kohlenhydrate: 7g
Fett: 27g
Protein: 5g
Kalorien: 283

EIERNUDEL-REZEPTE

GRÜNKOHL-KNOBLAUCH-EIERNUDELN MIT SÜßER BUTTERSAUCE (GF)

Vorbereitungszeit: 15 Min.   Kochzeit: 8-10 Min.   Portionen: 4   Schwierigkeitsstufe: 2   Kosten: €€

Zutaten:

- 1 Ladung Grünkohl & Knoblauch-Eiernudeln
- 5 Esslöffel gesalzene Butter
- 60 g Hühner- oder Rinderbrühe
- 1 Teelöffel Knoblauchpulver
- 1 Teelöffel Zwiebelpulver
- ½ Teelöffel Meersalz
- 1/8 Teelöffel gemahlener schwarzer Pfeffer

Zubereitung:

1. Beginnen Sie mit der Herstellung einer Ladung Grünkohl & Knoblauch-Eiernudeln, kochen Sie diese und stellen sie beiseite.
2. Geben Sie die Butter bei schwacher bis mittlerer Hitze in einen Topf und bräunen Sie die Butter etwa 3 Minuten lang, indem Sie sie häufig um den Topf schwenken.
3. Die geschmolzene Butter mit den restlichen Zutaten in einen Topf geben. Zum Kombinieren verquirlen.
4. 5-7 Minuten köcheln lassen.
5. Die Nudeln einrühren und genießen!

Nährwertinformationen

Kohlenhydrate: 3g
Ballaststoffe: 0g
Netto-Kohlenhydrate: 3g
Fett: 29g
Protein: 9g
Kalorien: 304

REZEPTE MIT GEKAUFTER PASTA

KETO-LASAGNE (GF)

Vorbereitungszeit: 15 Min.   Kochzeit: 30-35 Min.   Portionen: 6   Schwierigkeitsstufe: 2   Kosten: €€

Zutaten:

- 1 Dose Keto-Lasagnenudeln (z.B. Palmini)
- 225 g Marinara-Sauce ohne Zuckerzusatz
- 225 g Mozzarella, gerieben
- 250 g Ricotta-Käse
- 2 Zehen Knoblauch, gehackt
- 30 g Parmesan, gerieben

Zubereitung:

1. Beginnen Sie mit dem Abspülen und Abtropfen der Lasagnenudeln.
2. Als nächstes heizen Sie den Ofen auf 175 °C vor und legen eine Backform mit Backpapier aus.
3. Legen Sie eine Schicht der Keto-Nudeln auf den Boden der Schüssel und darüber eine dünne Schicht der Sauce. Fügen Sie die Hälfte des Mozzarella, die Hälfte des Ricotta-Käses und den gehackten Knoblauch hinzu.
4. Fügen Sie eine weitere Schicht Lasagnenudeln hinzu und bedecken Sie das Gericht mit der restlichen Sauce und dem restlichen Käse.
5. Mit Parmesan bestreuen.
6. 15 Minuten backen.
7. Genießen!

Nährwertinformationen

Kohlenhydrate: 10g
Ballaststoffe: 1g
Netto-Kohlenhydrate: 9g
Fett: 6g
Protein: 8g
Kalorien: 132

KETO-RINDERLASAGNE (GF)

Vorbereitungszeit: 15 Min.   Kochzeit: 30-35 Min.   Portionen: 6   Schwierigkeitsstufe: 2   Kosten: €€

Zutaten:

- 1 Dose Keto-Lasagnenudeln (z.B. Palmini)
- 225 g Marinara-Sauce ohne Zuckerzusatz
- 225 g Mozzarella, gerieben
- 250 g Ricotta-Käse
- 2 Zehen Knoblauch, gehackt
- 30 g Parmesan, gerieben
- 450 g Rinderhackfleisch, gekocht

Zubereitung:

1. Beginnen Sie mit dem Abspülen und Abtropfen der Lasagnenudeln.
2. Als nächstes heizen Sie den Ofen auf 175 °C vor und legen eine Backform mit Backpapier aus.
3. Legen Sie eine Schicht der Keto-Nudeln auf den Boden der Form und darüber eine dünne Schicht der Marinara-Sauce. Fügen Sie die Hälfte des Mozzarella, die Hälfte des Ricotta-Käses und den gehackten Knoblauch hinzu.
4. Fügen Sie die Hälfte des Hackfleischs hinzu.
5. Fügen Sie eine weitere Schicht Lasagnenudeln hinzu und bedecken Sie sie mit der restlichen Sauce, dem restlichen Käse und dem restlichen Rinderhackfleisch.
6. Fügen Sie eine letzte Schicht Nudeln hinzu.
7. Mit Parmesan bestreuen.
8. 15 Minuten backen.
9. Genießen!

Nährwertinformationen

Kohlenhydrate: 10g
Ballaststoffe: 1g
Netto-Kohlenhydrate: 9g
Fett: 11g
Protein: 31g
Kalorien: 272

TRUTHAHN-LASAGNE (GF)

Vorbereitungszeit: 15 Min.   Kochzeit: 30-35 Min.   Portionen: 4   Schwierigkeitsstufe: 2   Kosten: €€

Zutaten:

- 1 Ladung der Lasagnenudeln
- 225 g Marinara-Sauce ohne Zuckerzusatz
- 225 g Mozzarella, gerieben
- 250 g Ricotta-Käse
- 2 Zehen Knoblauch, gehackt
- 30 g Parmesan, gerieben
- 450 g Truthahn-Hackfleisch, gekocht

Zubereitung:

1. Beginnen Sie mit der Herstellung einer Ladung Lasagnenudeln
2. Als nächstes den Ofen auf 175 °C vorheizen und eine Backform mit Backpapier auslegen.
3. Eine Schicht der gekochten Nudeln auf den Boden der Form legen und mit einer dünnen Schicht der Sauce bedecken. Fügen Sie die Hälfte des Mozzarella, die Hälfte des Ricotta-Käses und den gehackten Knoblauch hinzu.
4. Fügen Sie die Hälfte des Truthahn-Hackfleischs hinzu.
5. Fügen Sie eine weitere Schicht Lasagnenudeln hinzu und bedecken Sie sie mit der Hälfte der restlichen Sauce und dem Rest des Käses sowie dem Truthahn-Hackfleisch.
6. Fügen Sie eine letzte Schicht Nudeln hinzu und bedecken Sie sie mit der restlichen Sauce.
7. Mit Parmesan bestreuen.
8. 15 Minuten backen.
9. Genießen!

Nährwertinformationen

Kohlenhydrate: 14g
Ballaststoffe: 2g
Netto-Kohlenhydrate: 12g

Fett: 39g
Protein: 55g
Kalorien: 626

SHIRATAKI-NUDELN MIT KNOBLAUCH-TOMATEN-BASILIKUM-SAUCE (GF)

Vorbereitungszeit: 10 Min.   Kochzeit: 5 Min.   Portionen: 2   Schwierigkeitsstufe: 2   Kosten: €€

Zutaten:

- 1 Packung Shirataki-Nudeln (z.B. Nasoya)
- 60 g Butter
- 225 g Marinara-Sauce ohne Zuckerzusatz
- 2 Zehen Knoblauch, gehackt
- 30 g frisches Basilikum, gehackt
- 30 g Parmesan, gerieben

Zubereitung:

1. Beginnen Sie damit, die Packung Shirataki-Nudeln bei mittlerer Hitze in einen großen Topf zu geben.
2. Fügen Sie die Butter, die Marinarasauce und den Knoblauch hinzu und bringen Sie die Nudeln zum Kochen.
3. Lassen Sie die Nudeln auf kleiner Flamme 5 Minuten kochen.
4. Mit frischem Basilikum und Parmesan servieren.

Nährwertinformationen

Kohlenhydrate: 9g
Ballaststoffe: 4g
Netto-Kohlenhydrate: 5g
Fett: 26g
Protein: 6g
Kalorien: 287

SHIRATAKI-NUDELN MIT LACHS UND CREMIGER KNOBLAUCHSAUCE (GF)

Vorbereitungszeit: 10 Min.　Kochzeit: 10 Min.　Portionen: 2　Schwierigkeitsstufe: 2　Kosten: €€

Zutaten:

- 1 Packung Shirataki-Nudeln (z.B. Nasoya)
- 230 g Crème Double
- 60 g Parmesan, gerieben
- 2 Zehen Knoblauch, gehackt
- 1 gekochtes Lachsfilet, mit Haut

Zubereitung:

1. Crème Double, Parmesan und Knoblauch bei schwacher/mittlerer Hitze in einen Suppentopf geben und zum Kochen bringen. Ca. 5 Minuten oder bis die Sauce anfängt einzudicken köcheln lassen.
2. Die Shirataki-Nudeln und den gekochten Lachs einrühren und weitere 5 Minuten kochen lassen.
3. In vier Portionen teilen und genießen.

Nährwertinformationen

Kohlenhydrate: 7g
Ballaststoffe: 3g
Netto-Kohlenhydrate: 4g
Fett: 33g
Protein: 27g
Kalorien: 427

THUNFISCH-PASTA-AUFLAUF (GF)

Vorbereitungszeit: 15 Min.   Kochzeit: 18-23 Min.   Portionen: 4   Schwierigkeitsstufe: 2   Kosten: €€

Zutaten:

- 1 Packung Keto-Fettuccine (wie Miracle-Nudeln Shirataki Konjac-Nudeln)
- 3 Esslöffel Butter
- 2 Zehen Knoblauch, gehackt
- 1 Zwiebel, gehackt
- 1 Esslöffel Kokosnussmehl
- 50 g Mandelmilch
- 230 g Cheddar, gerieben
- 200 g Thunfisch

Zubereitung:

1. Beginnen Sie, indem Sie den Ofen auf 175 °C vorheizen und eine Backform mit Backpapier auslegen.
2. Geben Sie die Butter bei mittlerer Hitze in einen großen Suppentopf und braten Sie den Knoblauch und die Zwiebel 3-5 Minuten lang oder bis sie glasig sind.
3. Das Mehl hinzufügen und mit der Mandelmilch verquirlen. Rühren, bis die Sauce dickflüssig wird, und dann die Hälfte des Käses unterrühren.
4. Die Keto-Nudeln und den Thunfisch in die Saucenmischung geben und umrühren.
5. Gießen Sie die Mischung in die ausgekleidete Auflaufform und geben den restlichen Käse darüber.
6. Backen Sie das Ganze 15 Minuten lang oder bis der Käse geschmolzen ist.

Nährwertinformationen

Kohlenhydrate: 8g
Ballaststoffe: 5g
Netto-Kohlenhydrate: 3g
Fett: 26g
Protein: 20g
Kalorien: 336

SINGAPUR-NUDELN (GF)

Vorbereitungszeit: 15 Min.   Kochzeit: 18-23 Min.   Portionen: 4   Schwierigkeitsstufe: 2   Kosten: €€

Zutaten:

- 1 Packung Keto-Fettuccine (wie Miracle-Nudeln Shirataki Konjac-Nudeln)
- 2 Esslöffel Butter
- 2 Eier
- 1 rote Paprika, entkernt und in Scheiben geschnitten
- 1 süße weiße Zwiebel, gehackt
- 2 Zehen Knoblauch, gehackt
- 1 Frühlingszwiebel, gehackt
- 12 ausgenommene Garnelen
- 1 Teelöffel Fischsauce
- 1 Teelöffel Kokosnuss-Aminos
- 1 Esslöffel frischer Koriander, gehackt

Zubereitung:

1. Eine große Pfanne bei mittlerer Hitze mit einem Esslöffel Butter vorwärmen und die Eier in der Pfanne aufschlagen. Rühren und dann beiseite stellen.
2. Eine weitere große Pfanne auf mittlere Hitze erhitzen und den restlichen einen Esslöffel Butter hineingeben. Die Butter schmelzen lassen und dann die Garnelen hinzufügen. Die Garnelen auf jeder Seite ca. 5 Minuten garen, bis sie rosa sind.
3. Zwiebel, Knoblauch, Frühlingszwiebel und Paprika hinzufügen und weitere 3 Minuten kochen lassen.
4. Die Fettuccine und die Eier unterrühren, dann die Fischsauce und die Kokosnuss-Aminos hinzugeben. Gut vermischen.
5. Mit frischem Koriander servieren.

Nährwertinformationen

Kohlenhydrate: 10g
Ballaststoffe: 4g
Netto-Kohlenhydrate: 6g
Fett: 9g
Protein: 19g
Kalorien: 196

PASTA PRIMAVERA (GF)

Vorbereitungszeit: 10 Min.   Kochzeit: 2 Min.   Portionen: 2   Schwierigkeitsstufe: 2   Kosten: €€

Zutaten:

- 1 Packung Keto-Fettuccine (wie Miracle-Nudeln Shirataki Konjac-Nudeln)
- ¼ Tasse Parmesan, gerieben
- 4 Scheiben gekochter Bacon, zerbröselt
- 180 g Kirschtomaten, halbiert
- 2 Esslöffel Petersilie, gehackt
- 2 Esslöffel Olivenöl
- 1 Prise Meersalz und schwarzer Pfeffer

Zubereitung:

1. Beginnen Sie damit, die Nudeln 2 Minuten lang zu kochen. Abgießen und abschrecken.
2. Geben Sie die Keto-Fettuccine in eine große Rührschüssel und fügen Sie das Olivenöl, Salz, Pfeffer und Petersilie hinzu. Gut mischen.
3. Den zerbröckelten Bacon und die Kirschtomaten unterrühren.
4. Nach Belieben mit ein wenig Parmesan genießen.

Nährwertinformationen

Kohlenhydrate: 6g
Ballaststoffe: 3g
Netto-Kohlenhydrate: 3g
Fett: 33g
Protein: 19g
Kalorien: 385

FETTUCCINE MIT CREMIGEM AVOCADO-PESTO (GF)

Vorbereitungszeit: 10 Min.   Kochzeit: 2 Min.   Portionen: 4   Schwierigkeitsstufe: 2   Kosten: €€

Zutaten:

- 1 Packung Keto-Fettuccine (wie Miracle-Nudeln Shirataki Konjac-Nudeln)
- 1 reife Avocado, in Würfel geschnitten
- 35 g Pinienkerne
- 30 g Olivenöl
- 2 Zehen Knoblauch
- 30 g Parmesan, gerieben
- 1 Prise Salz & Pfeffer zum Abschmecken

Zubereitung:

1. Beginnen Sie damit, die Fettuccine 2 Minuten lang zu kochen. Abgießen, abschrecken und in einer großen Rührschüssel beiseite stellen.
2. Avocado, Pinienkerne, Olivenöl, Knoblauch, Salz und Pfeffer in eine Küchenmaschine geben oder mit einem Stabmixer mixen.
3. Die Pestosauce in die Rührschüssel geben und umrühren, um die Nudeln zu ummanteln.
4. Mit Parmesan bestreuen und genießen!

Nährwertinformationen

Kohlenhydrate: 7g
Ballaststoffe: 6g
Netto-Kohlenhydrate: 1g
Fett: 30g
Protein: 4g
Kalorien: 291

SHIRATAKI-NUDELN MIT PENNE-WODKA-SAUCE (GF)

Vorbereitungszeit: 10 Min.   Kochzeit: 5 Min.   Portionen: 4   Schwierigkeitsstufe: 2   Kosten: €€

Zutaten:

- 1 Packung Shirataki-Nudeln (z.B. Nasoya)
- 230 g Crème Double
- 120 g Butter
- 1 Dose (800 g) zerdrückte Tomaten
- 110 g geschmackloser Wodka
- ½ süße weiße Zwiebel
- 1 Knoblauchzehe, gehackt
- 120 g Parmesan, gerieben
- 1 Esslöffel italienische Gewürzmischung
- 1 Teelöffel Meersalz
- ¼ Teelöffel gemahlener schwarzer Pfeffer

Zubereitung:

1. Die Butter in eine große Pfanne geben und erhitzen, bis sie geschmolzen ist.
2. Zwiebel, Knoblauch und Wodka hinzufügen und ca. 5 Minuten kochen lassen.
3. Die Tomaten und die Gewürze hinzufügen und gut umrühren.
4. Die Crème Double und den Parmesan hinzufügen und umrühren, bis der Käse zu schmelzen beginnt.
5. Die Shirataki-Nudeln einrühren.
6. Sofort servieren.

Nährwertinformationen

Kohlenhydrate: 14g
Ballaststoffe: 6g
Netto-Kohlenhydrate: 8g
Fett: 50g
Protein: 11g
Kalorien: 621

FETTUCCINE MIT MANDEL-BUTTER-SAUCE (GF)

Vorbereitungszeit: 10 Min. + Abkühlzeit   Kochzeit: 7 Min.   Portionen: 2
Schwierigkeitsstufe: 2   Kosten: €€

Zutaten:

- 1 Packung Keto-Fettuccine (wie Miracle-Nudeln Shirataki Konjac-Nudeln
- 230 g ungesüßte Mandelbutter
- 65 g Olivenöl
- 60 g Kokosnuss-Aminos
- 2 Knoblauchzehen, geschält und gehackt
- ½ Teelöffel Meersalz

Zubereitung:

1. Beginnen Sie damit, die Fettuccine 2 Minuten lang zu kochen. Abtropfen lassen, abschrecken und beiseite stellen.
2. Dann alle restlichen Zutaten bei niedriger bis mittlerer Hitze in einen Topf geben und verrühren.
3. Etwa 5 Minuten erhitzen.
4. Vom Herd nehmen und die gekochten Fettuccine zur Mandelbutter-Sauce geben und vorsichtig umrühren, um die Nudeln zu bedecken.
5. Guten Appetit!

Nährwertinformationen

Kohlenhydrate: 10g
Ballaststoffe: 3g
Netto-Kohlenhydrate: 7g
Fett: 55g
Protein: 2g
Kalorien: 515

NUDELN MIT CREMIGER KNOBLAUCH-CHEDDAR-SAUCE (GF)

Vorbereitungszeit: 15 Min. Kochzeit: 5 Min. Portionen: 4 Schwierigkeitsstufe: 2 Kosten: €€

Zutaten:

- 1 Packung Shirataki-Nudeln (z.B. Nasoya)
- 60 g Crème Double
- 55 g Frischkäse
- 175 g Cheddar, gerieben
- 2 Zehen Knoblauch, gehackt
- 1 Teelöffel Zwiebelpulver
- ½ Teelöffel Paprika

Zubereitung:

1. Alle Zutaten außer den Nudeln bei schwacher bis mittlerer Hitze in einen Topf geben und verrühren. Mit dem Schneebesen fortfahren, bis der Käse schmilzt.
2. Die Nudeln einrühren.
3. Guten Appetit!

Nährwertinformationen

Kohlenhydrate: 6g
Ballaststoffe: 3g
Netto-Kohlenhydrate: 3g
Fett: 15g
Protein: 8g
Kalorien: 182

NUDELN MIT DILL-HOLLANDAISE-SAUCE (GF)

Vorbereitungszeit: 15 Min. Kochzeit: 10 Min. Portionen: 4 Schwierigkeitsstufe: 2 Kosten: €€

Zutaten:

- 1 Packung Shirataki-Nudeln (z.B. Nasoya)
- 120 g Butter
- 3 Eigelb
- 1 Esslöffel frisch gepresster Zitronensaft
- 1 Teelöffel frisch gehackter Dill
- ½ Teelöffel Salz
- ¼ Teelöffel gemahlener schwarzer Pfeffer

Zubereitung:

1. Beginnen Sie damit, die Butter bei mittlerer Hitze in einen Kochtopf zu geben.
2. Wenn die Butter geschmolzen ist, fügen Sie die restlichen Zutaten mit Ausnahme des Dills und der Nudeln hinzu und verrühren Sie sie.
3. Die Nudeln und den Dill hinzugeben und gut umrühren.
4. Guten Appetit!

Nährwertinformationen

Kohlenhydrate: 5g
Ballaststoffe: 3g
Netto-Kohlenhydrate: 2g
Fett: 26g
Protein: 3g
Kalorien: 260

FETTUCCINE MIT CREMIGER GEMÜSESAUCE (GF)

Vorbereitungszeit: 10 Min.   Kochzeit: 6 Min.   Portionen: 2   Schwierigkeitsstufe: 2   Kosten: €€

Zutaten:

- 1 Packung Keto-Fettuccine (wie Miracle-Nudeln Shirataki Konjac-Nudeln)
- 65 g Blumenkohl, geröstet
- 240 g Sour Cream
- 60 g Parmesan, gerieben
- 1 Esslöffel frisch gepresster Zitronensaft
- 1 Teelöffel italienische Gewürzmischung
- ½ Teelöffel Meersalz

Zubereitung:

1. Beginnen Sie damit, die Fettuccine-Nudeln 2 Minuten lang zu kochen. Abgießen, abschrecken und in einem Suppentopf oder einer großen Rührschüssel beiseite stellen.
2. Dann alle Saucenzutaten bei niedriger bis mittlerer Hitze in einen Topf geben und verrühren.
3. Etwa 5 Minuten erwärmen und dann über die gekochten Nudeln gießen.
4. Sofort genießen.

Nährwertinformationen

Kohlenhydrate: 10g
Ballaststoffe: 3g
Netto-Kohlenhydrate: 7g
Fett: 30g
Protein: 12g
Kalorien: 351

Copyright 2019 by Elizabeth Jane - Alle Rechte vorbehalten.

ISBN: 978-1-953607-02-7

Für Berechtigungen, kontaktieren Sie bitte:
elizabeth@ketojane.com oder besuchen http://ketojane.com/

Dieses Dokument ist darauf ausgelegt, genaue und zuverlässige Informationen rund um das Thema und die Problematik zu liefern. Das Buch wird mit der Vorstellung verkauft, dass der Verlag nicht verpflichtet ist, professionelle Beratung, offiziell erlaubte oder anderweitig qualifizierte Dienstleistungen zu erbringen. Wenn eine Beratung erforderlich ist, sei es rechtlich oder beruflich, sollte eine im Beruf tätige Person bestellt werden.

Aus einer Grundsatzerklärung, die von einem Komitee der American Bar Association und einem Komitee der Verleger und Verbände gleichermaßen akzeptiert und genehmigt wurde.

Es ist in keiner Weise erlaubt, dieses Dokument zu reproduzieren, zu vervielfältigen oder Teile davon in elektronischer Form oder in gedruckter Form zu übertragen. Die Aufzeichnung dieser Publikation ist strengstens verboten und die Speicherung dieses Dokuments ist ohne schriftliche Genehmigung des Herausgebers nicht gestattet. Alle Rechte vorbehalten.

Die enthaltenen Informationen gelten als wahrheitsgemäß und konsistent, jede Haftung in Bezug auf Unachtsamkeit oder anderweitig durch die Verwendung oder den Missbrauch von Richtlinien, Prozessen oder Anweisungen, die darin enthalten sind, liegt in der alleinigen und vollständigen Verantwortung des Lesers. Unter keinen Umständen wird eine rechtliche Verantwortung oder Schuldzuweisung gegen die

Herausgeber für jegliche Reparatur, Beschädigung oder finanziellen Verlust aufgrund der enthaltenen Informationen, sei es direkt oder indirekt, akzeptiert.

Die enthaltenen Informationen werden ausschließlich zu Informationszwecken angeboten und sind daher universell einsetzbar. Die Darstellung der Informationen erfolgt ohne Vertrag oder jegliche Garantiezusage.

Der Autor ist kein zugelassener Praktiker, Arzt oder medizinischer Fachmann und bietet keine medizinischen Dienstleistungen, Behandlungen, Diagnosen, Vorschläge oder Beratungen an. Die enthaltenen Informationen wurden nicht von der U.S. Food and Drug Administration bewertet und sind nicht dazu bestimmt, Krankheiten zu diagnostizieren, zu behandeln, zu heilen oder zu verhindern. Vor Beginn oder Änderung von Diät-, Bewegungs- oder Lebensstilprogrammen sollte eine vollständige medizinische Genehmigung durch einen zugelassenen Arzt eingeholt werden, und die Ärzte sollten über alle Ernährungsumstellungen informiert werden.

Der Autor übernimmt keine Verantwortung gegenüber einer natürlichen oder juristischen Person für jegliche Haftung, Verluste oder Schäden, die direkt oder indirekt als Folge der Verwendung, Anwendung oder Interpretation der hierin enthaltenen Informationen verursacht oder angeblich verursacht wurden.

www.ingramcontent.com/pod-product-compliance
Lightning Source LLC
Chambersburg PA
CBHW081158070526
44583CB00021B/2894